Inhalt

10. Vertragsstaatenkonferenz zur Biodiversitäts-Konvention (COP10) - Der Preis der Natur

Kernthesen

Beitrag

Fallbeispiele

Weiterführende Literatur

Impressum

10. Vertragsstaatenkonferenz zur Biodiversitäts-Konvention (COP10) - Der Preis der Natur

I.Zeilhofer-Ficker

Kernthesen

- Vom 18. bis 29. Oktober 2010 fand im japanischen Nagoya die 10. Vertragsstaatenkonferenz zur Biodiversitäts-Konvention (COP10, auch Artenschutzkonferenz) statt.
- Erstmals wurden Ergebnisse einer Studie vorgestellt, die den Wert der Natur nennt und den Dienstleistungen einer intakten

Natur ökonomische Zahlen zuordnet (TEEB).
- Wichtiger Verhandlungspunkt war ein Protokoll zur Gewinnbeteiligung von Ursprungsländern an der Nutzung von biologischen Wirkstoffen (ABS = Access and Benefit Sharing).
- Nach zähen Verhandlungen bis spät in die Nacht hinein einigte man sich auf einen strategischen 20-Punkte-Plan sowie auf ein ABS-Protokoll. Allerdings blieben die Fragen nach adäquater Finanzierung.

Beitrag

Die Biodiversitäts-Konvention

Im Rahmen der "Erdgipfel" genannten Konferenz der Vereinten Nationen über Umwelt und Entwicklung in Rio de Janeiro 1992 wurde nicht nur die Klimarahmenkonvention beschlossen. Ebenso wichtig für die Zukunft der Erde ist die dort gleichfalls entstandene Biodiversitäts-Konvention (Convention on Biological Diversity, CBD), die von 191 Staaten ratifiziert bzw. anerkannt wurde. Einzig in Andorra und den Vereinigten Staaten von Amerika wurde der Vertrag nie in Kraft gesetzt. (1)

Drei übergreifende Ziele wurden in der Konvention beschlossen: Die biologische Vielfalt der Erde sollte erhalten bleiben, die natürlichen Ressourcen nachhaltig genutzt und die Profite bzw. Vorteile aus der Nutzung von natürlichen Rohstoffen gerecht aufgeteilt werden. Keines dieser Ziele wurde in den letzten 18 Jahren auch nur annähernd erreicht. (2)

Zu Beginn der Konferenz im japanischen Nagoya musste sich die Versammlung von 8 000 Delegierten aus fast 200 Ländern eingestehen, dass nicht ein einziges Vertragsland es bisher geschafft hat, den Verlust von Artenvielfalt zu verlangsamen oder gar zu stoppen oder seine Ressourcen nachhaltig zu nutzen. Als Hauptgrund wurden fehlende finanzielle Mittel genannt. (2), (3)

Das Jahr 2010 ist das Jahr der Biodiversität. Denn bis zu diesem Jahr wollte man den Verlust von Arten weltweit verlangsamt haben. Dieses Ziel wurde nicht erreicht - im Gegenteil. Seit dem Aussterben der Dinosaurier vor 65 Millionen Jahren verlor die Welt nicht mehr so viele biologische Arten wie jetzt. Zwischen 100 und 1 000 Spezies sterben pro Jahr aus und hinterlassen eine Lücke im biologischen Gleichgewicht, die kaum noch geschlossen werden kann. Der Bestand der wichtigsten Tierarten ist im Laufe der vergangenen 40 Jahre um 30 Prozent zurückgegangen, in den Tropen sogar um 60 Prozent.

Ein Drittel aller bekannten Amphibienarten ist vom Aussterben bedroht, ein Fünftel aller Säugetierspezies und ein Viertel aller Fischarten. 68 Prozent aller Pflanzen gelten gleichfalls als gefährdet. (3), (4)

Wenn dieser Prozess nicht umgehend aufgehalten werden kann, verliert der Mensch nach und nach seine eigene Lebensgrundlage. Denn ohne intakte Lebensräume, ohne funktionierende Nahrungsketten, ohne eine Vielfalt an Pflanzen und ohne sauberes Wasser muss der Mensch verhungern und verdursten. Das Ziel der Artenschutzkonferenz war es deshalb, mithilfe eines strategischen Aktionsplans die bedrohliche Entwicklung aufzuhalten und den natürlichen Ressourcen weltweit eine Chance einzuräumen. (7)

Der TEEB-Report

Der heutige Mensch scheint nur schätzen zu können, was mit einem wirtschaftlichen Wert versehen ist. Deshalb haben 500 Wissenschaftler in den vergangenen drei Jahren an einer Studie gearbeitet, die den Wert der Natur ermitteln sollte. Das TEEB-Team (The Economics of Ecosystems and Biodiversity) ist in ihrem im Rahmen der 10. Vertragsstaatenkonferenz vorgestellten Abschlussbericht zu dem Ergebnis gelangt, dass sich die wirtschaftlichen Schäden durch Umweltzerstörung und Artenschwund pro Jahr auf zwei bis 4,5 Billionen US-Dollar belaufen. Eine andere Untersuchung kommt sogar auf 6,6 Billionen Dollar - elf Prozent des globalen Bruttosozialprodukts.(5)

Das ist viel Kapital, das jedes Jahr vernichtet wird. Die große Summe errechnet sich aus vielen kleinen Beträgen wie beispielsweise die für amerikanische Farmer verlorenen 15 Milliarden Dollar, die von vernichteten Ernten aufgrund eines riesigen Bienensterbens herrührten; oder von der Vernichtung von Korallenriffen, die in gesundem Zustand dafür sorgen, dass riesige Fischschwärme Kinderstube und Heimat finden. Viel Geld lässt sich auch mit Touristen verdienen, die sich an der Beobachtung von bedrohten Großtierarten erfreuen. Ruanda erzielt allein durch den Berggorilla-Tourismus jährliche Einnahmen von rund zehn Millionen Dollar. (5), (6)

Das TEEB-Gremium forderte deshalb, dass alle Umweltschäden finanziell berechnet, veröffentlicht und den Verursachern angelastet werden müssten. Nur so würde die Leistung der Natur in angemessener Weise Beachtung finden. Auch in den volkswirtschaftlichen Berechnungen der Länder sollten die Ökodienstleistungen der Natur ebenso gelistet werden wie die wirtschaftliche Leistung eines Landes. (5), (6)

Schluss mit der Ausbeutung der natürlichen Ressourcen der armen Länder

Zentraler Streitpunkt im Rahmen der Konferenz war die Beteiligung der Ursprungsländer von natürlichen Ressourcen an Gewinnen, die damit erzielt werden. So gibt es zahlreiche Beispiele von Pharma-, Kosmetik- und Lebensmittelunternehmen, die pflanzliche oder tierische Grundstoffe aus Entwicklungsländern für die Herstellung von Medikamenten, Lebensmitteln oder Kosmetika nutzen, ohne die Ursprungsländer an den Einkünften daraus zu beteiligen. Das Wissen um die Wirkungsweise der Stoffe haben sie meist von indigenen Stämmen, die diese oft schon jahrhundertelang selbst verwenden. Beispiele hierfür sind der Extrakt aus Pelargonienwurzeln aus Südafrika, der bei uns unter dem Namen Umckaloabo als Hustenmedikament vertrieben wird und für Millionenumsätze sorgt oder auch die Stevia-Pflanze aus Südamerika, die als Süßmittel eine gesunde Alternative zum Zucker darstellt. (8), (9)

Für diese Ressourcen wurden die Heimatländer bisher kaum oder gar nicht entschädigt. Als die Vogelgrippe wütete, stellte Indonesien den Virus kostenlos zur Verfügung, damit Pharmafirmen in den

Industrieländern entsprechende Impfstoffe entwickeln konnten. Das Geschäft mit den Impfungen brachte den Pharmaunternehmen Millionengewinne - für die indonesische Bevölkerung war der Impfstoff allerdings zu teuer. (8)Diese Praxis, die von den Industrienationen schon während der Kolonialisierung praktiziert wurde, wird von den Entwicklungsländern als Biopiraterie bezeichnet, die sie sich nicht länger gefallen lassen wollen. Sie machten deshalb die Zustimmung zu einem Abkommen für den Artenschutz vom Abschluss einer ABS-Vereinbarung abhängig. Dieses Abkommen sollte die Beteiligung der Ursprungsländer weltweit rechtsverbindlich festschreiben. Ausgenommen davon sind allerdings die USA. Da diese die Biodiversitäts-Konvention nie ratifiziert haben, können sie auch nicht zu Folgevereinbarungen gezwungen werden. (9)

Es fehlt an finanziellen Mitteln

Politiker jeder Couleur betonen gerne, wie wichtig sie den Natur- und Artenschutz nehmen. Die wenigsten sind aber bereit, dieses Bekenntnis auch mit Geldmitteln zu untermauern. So wendet der Freistaat Bayern ganze 36 Millionen Euro pro Jahr für den Naturschutz auf. Zum Vergleich: Das Budget für den Straßenbau liegt bei 1,8 Milliarden Euro. Auf deutscher und europäischer Ebene ist die Situation auch nicht besser. Experten rechnen, dass weltweit nur etwa drei Milliarden Euro jährlich für den Artenschutz ausgegeben werden. Das ist viel zu wenig, um die Situation nachhaltig zu verbessern. Allein für die weltweiten Schutzgebiete werden 40 Milliarden Dollar gebraucht. Insgesamt wurden Forderungen nach 200 Milliarden jährlicher Finanzleistung laut. Hier sind definitiv kreative Ideen gefragt, die schnell umgesetzt werden können. Schließlich geht es um das Überleben unseres Planeten. (10)

Trends

Die Vereinbarungen von Nagoya

Die Delegierten einigten sich auf ein völkerrechtlich verbindliches Abkommen (ABS-Protokoll) zur Gewinnbeteiligung an Produkten aus natürlichen Ressourcen. Das Protokoll legt fest, dass nicht nur die Nutzung entsprechender Gene, sondern auch die daraus entwickelten Wirkstoffe zur Zahlung einer Gewinnbeteiligung verpflichtet. Auch für Krankheitserreger sollen die armen Staaten angemessen entschädigt werden. Die Verpflichtung gilt allerdings nicht rückwirkend, wie ursprünglich von den ärmeren Staaten gefordert, sondern deckt nur neue Wirkstoffe ab. Die Industriestaaten müssen außerdem eine Institution als Kontrollorgan für eventuelle Streitigkeiten installieren. (11)

Abgesegnet wurde auch ein 20 Punkte umfassender Strategieplan, der dazu führen soll, dass das Artensterben bis zum Jahr 2020 gestoppt wird. Der Plan sieht unter anderem vor, dass der Verlust von natürlichen Lebensräumen halbiert und ein Sechstel der degradierten Flächen renaturiert wird. Die Schutzgebiete an Land sollen um vier Prozent auf 17 Prozent der Fläche, auf den Ozeanen von einem Prozent auf zehn Prozent ausgedehnt werden. Außerdem soll die Überfischung der Meere gestoppt und das Aussterben von weiteren Arten verhindert werden. Extreme Wichtigkeit wird auch dem Punkt zugeschrieben, dass schädliche Subventionen - in Europa immerhin 35 Prozent aller Subventionen - bis 2020 eingestellt werden müssen. Darunter fallen auch die praktizierten Agrar-Subventionen für schädliche Produktionsarten (z. B. extensive Düngung) oder Fischerei, die die Bestände gefährdet. Damit soll flächendeckend sichergestellt werden, dass ausschließlich naturverträgliche Land- und Forstwirtschaft, die dem Artenschutz verpflichtet ist, betrieben wird. (12), (13)

Offen geblieben ist die Frage der Finanzierung. Man war sich einig, dass für den Natur- und Artenschutz mehr Geld aufgewendet werden muss - wo dieses herkommen soll, blieb aber unbeantwortet. Diese Frage soll beim nächsten Gipfel 2012 in Indien erörtert und gelöst werden. (12)

Fallbeispiele

In der BRD sind 4,1 Prozent der Landfläche als Schutzgebiete ausgewiesen. Viel zu wenig, wie die Staatengemeinschaft urteilt. Neues Ziel bis 2020 sind zehn Prozent. Doch auch bei anderen Leistungsmerkmalen schneidet Deutschland sehr schlecht ab. Vor zwei Jahren wurden 13 Indikatoren formuliert, deren Erfüllung die biologische Vielfalt sichern sollte. 12 der 13 Indikatoren wurden von der Bundesregierung verfehlt. (14)

Als positives Beispiel kann dagegen Mexiko dienen. Hier wurde vor sieben Jahren ein System installiert, das Waldbesitzer finanziell entschädigt, wenn sie ihre Waldflächen intakt halten und damit zur Sicherung der Wasserversorgung beitragen. Seit Einführung des Systems konnte die Abholzungsrate halbiert werden. (6)

Weiterführende Literatur

(1) Kampf um die letzten Schätze der Natur
aus Süddeutsche Zeitung, 19.10.2010, Ausgabe Deutschland, S. 5

(2) Der Frosch bleibt tot
aus Die ZEIT Nr. 43 vom 21.10.2010 Seite 023

(3) Alarm für Kiebitz und Co.
aus Frankfurter Rundschau vom 18.10.2010, Seite 2

(4) Entwicklungsländer fordern eine "Gensteuer"
aus Frankfurter Allgemeine Zeitung, 21.10.2010, Nr. 245, S. 10

(5) Milliarden-Dollar-Bienen
aus Süddeutsche Zeitung, 21.10.2010, Ausgabe Bayern, Deutschland, S. 2

(6) Forscher warnen vor Schäden in Billionenhöhe
aus Spiegel Online, 21.10.2010

(7) Kennen wir uns?
aus DIE WELT, 27.10.2010, Nr. 251, S. 8

(8) Wurzeln der Ausbeutung
aus Süddeutsche Zeitung, 21.10.2010, Ausgabe München, Bayern, Deutschland, S. 2

(9) Naturschützer fürchten Gipfel-Fiasko
aus Spiegel Online, 18.10.2010

(10) Kampf um die letzten Schätze der Natur
aus Süddeutsche Zeitung, 19.10.2010, Ausgabe Deutschland, S. 5

(11) Erfolg im Kampf gegen die Bio-Piraten
aus Süddeutsche Zeitung, 30.10.2010, Ausgabe Deutschland, S. 9

(12) Das Naturwunder von Nagoya
aus Frankfurter Allgemeine Zeitung, 01.11.2010, Nr. 254, S. 7

(13) Die Rettung der Arten
aus DIE WELT, 01.11.2010, Nr. 255, S. 27

(14) Heilkraft nur gegen Geld BIOPIRATERIE UN-KonferenzDie Entwicklungsländer fordern Umsatzbeteiligung, wenn Pharmakonzerne Pflanzen sammeln und mit traditionellem Medizinwissen Geld machen
aus taz, 18.10.2010, S. 09

Impressum

10. Vertragsstaatenkonferenz zur Biodiversitäts-Konvention (COP10) - Der Preis der Natur

Bibliografische Information der deutschen Nationalbibliothek

Die Deutsche Nationalbibliothek verzeichnet diese Publikation in der deutschen Nationalbibliografie; detaillierte bibliografische Daten sind im Internet über http://dnb.d-nb.de abrufbar.

ISBN: 978-3-7379-1515-1

© 2015 GBI-Genios Deutsche Wirtschaftsdatenbank GmbH, Freischützstraße 96, 81927 München, www.genios.de

Alle Rechte vorbehalten. Dieses Werk ist einschließlich aller seiner Teile – z.B. Texte, Tabellen und Grafiken - urheberrechtlich geschützt. Jede Verwertung außerhalb der Grenzen des Urheberrechtsgesetzes bedarf der vorherigen Zustimmung des Verlags. Dies gilt insbesondere auch für auszugsweise Nachdrucke, fotomechanische

Vervielfältigungen (Fotokopie/Mikroskopie), Übersetzungen, Auswertungen durch Datenbanken oder ähnliche Einrichtungen und die Einspeicherung und Verarbeitung in elektronischen Systemen.